AF462141

INSTRUCTION
SUR LE SERVICE
QUE LES
RÉGIMENS DE CAVALERIE
DEVRONT FAIRE
DANS LES
CAMPS QUI S'ASSEMBLERONT
pendant la présente année 1754.

Du 14 Mai 1754.

A PARIS,
DE L'IMPRIMERIE ROYALE.

M. DCCLIV.

TABLE

Des Titres contenus dans l'Instruction du 14 mai 1754, sur le service que les régimens de Cavalerie devront faire dans les Camps qui s'assembleront pendant la présente année 1754.

INSTRUCTION

INSTRUCTION

Sur le service que les Régimens de Cavalerie devront faire dans les Camps qui s'assembleront pendant la présente année 1754.

Du 14 Mai 1754.

DU CAMPEMENT.

ARTICLE PREMIER.

LES Mestre-de-camps des régimens qui ont eu ordre de se tenir prêts à camper, auront soin qu'ils soient pourvûs de tout ce qui est nécessaire à cet effet.

II.

IL y aura six tentes égales par compagnie; savoir, une pour le Maréchal-des-logis, & cinq pour les Cavaliers, à raison de six hommes par chambrée. *Tentes.*

III.

LES chambrées seront composées d'anciens & de nouveaux Cavaliers.

IV.

CHAQUE chambrée sera pourvûe d'une marmite, *Marmites & outils.*

d'une gamelle, d'un barril, d'une pelle, d'une pioche, d'une hache & d'une ſerpe.

V.

Manteau d'armes.

Il y aura un manteau d'armes par régiment, pour couvrir les armes des Cavaliers de la garde des étendards.

V I.

Cordeaux.

Il y aura un cordeau par eſcadron, de cinquante-ſix pas de longueur, pour marquer le front du camp, & un autre de trente-ſix pas, pour en marquer la profondeur : ces cordeaux ſeront diviſés par toiſes & demi-toiſes.

Il y aura auſſi par compagnie une fiche blanche de ſept pieds de haut, ferrée par un bout, & ayant à l'autre une banderole des mêmes couleurs du galon affecté à chaque régiment.

V I I.

Avis de l'arrivée.

Quand le régiment arrivera dans le lieu le plus à portée de celui où il devra camper, celui qui le commandera donnera avis de ſon arrivée au Commandant du camp, & à l'Intendant.

V I I I.

Détachement pour aller marquer le camp.

Le Commandant du régiment fera partir à l'avance pour aller au campement, un Officier major avec un Maréchal-des-logis par eſcadron, un Brigadier & un Cavalier par compagnie.

I X.

Les Maréchaux-des-logis ſeront munis des cordeaux, & les Brigadiers des fiches ci-deſſus indiqués.

X.

Aucun autre que les Officiers, Maréchaux-des-logis, Brigadiers & Cavaliers, commandés pour le campement, n'y marchera avec eux, à moins d'un ordre contraire.

X I.

Diſtribution du terrein.

Quand l'alignement du camp aura été réglé ſur des points de vûe donnés, l'aîle droite ou l'aîle gauche de Cavalerie (ſelon le côté par lequel on devra commencer) marquera ſon camp; & quand l'Infanterie aura marqué le ſien, l'autre aîle continuera de même, laiſſant cinquante pas d'intervalle entre le camp de l'Infanterie & le ſien.

XII.

Le Maréchal-général-des-logis de la Cavalerie distribuera aux Majors des brigades de ce corps, le terrein qui lui aura été désigné; & ceux-ci le distribueront à chaque régiment & escadron.

XIII.

Les Majors de l'aîle de la Cavalerie qui marquera son camp la dernière, suivront l'alignement de l'Infanterie, à moins qu'il n'eût été ordonné de faire un coude.

XIV.

Les camps des escadrons d'un même régiment ou d'une même brigade, seront marqués dans le même ordre qu'ils devront être en bataille.

XV.

On laissera six pas d'intervalle entre le camp de chaque régiment, & trente pas d'une brigade à l'autre. *Intervalles.*

XVI.

Lorsque le cordeau du front du camp de l'escadron aura été tendu, on marquera la place de la fourche des premières tentes de chaque compagnie, de manière que les tentes des deux compagnies du centre de l'escadron qui seront adossées, occupent onze pas ou trente-trois pieds, y compris la ruelle pour l'écoulement des eaux, & qu'il y ait dix-huit pas ou cinquante-quatre pieds entre les tentes des compagnies qui se feront face. *Place des tentes des Cavaliers.*

XVII.

Le cordeau qui devra marquer la profondeur du camp, sera placé perpendiculairement à celui du front, sur l'alignement que la première compagnie devra former, auquel les autres compagnies se conformeront.

XVIII.

On laissera sept pas ou vingt-un pieds entre les fourches des tentes de chaque compagnie.

XIX.

Les piquets des chevaux seront plantés trois pas en avant des fourches des tentes: le premier sera mis vis-à-vis de celle de la tente du Maréchal-des-logis; & on laissera *Place des piquets des chevaux.*

un intervalle entre les chevaux de chaque chambrée, pour le passage des Cavaliers.

X X.

Place des fourrages. L'ON mettra les fourrages dans l'intervalle des tentes de chaque compagnie; & la dernière chambrée, pour éviter les accidens du feu, à cause de la proximité des cuisines, les mettra entre sa tente & celle de la chambrée précédente.

X X I.

Place des cuisines & des forges. LES places des cuisines seront à quinze pas de la dernière tente des Cavaliers; & les forges seront placées sur le même alignement.

X X I I.

Des Vivandiers. CELLES des tentes des Vivandiers, à dix pas des cuisines.

X X I I I.

Des tentes des Officiers. CELLES des tentes des Lieutenans, à vingt pas de celles des Vivandiers; & celles des Capitaines à vingt pas de celles des Subalternes.

X X I V.

A l'égard des tentes des Officiers supérieurs des régimens, elles seront trente pas en arrière de celles des Capitaines; savoir, celle du Mestre-de-camp, vers le centre du régiment; celle du Lieutenant-colonel, à la gauche de celle du Mestre-de-camp; & celles du Major & de l'Aide-major, à la gauche, & un peu en arrière de celles du Mestre-de-camp & du Lieutenant-colonel: observant, que quand le régiment sera campé par sa gauche, les tentes du Lieutenant-colonel & des Officiers majors devront être sur la droite de celle du Mestre-de-camp.

X X V.

LES portes de toutes ces tentes seront tournées du côté du camp; & afin qu'elles soient alignées sur celles des Cavaliers, ainsi que les cuisines & les forges, l'Officier major qui fera marquer le camp, aura attention qu'il soit mis des fiches qui indiquent cet alignement.

XXVI.

Si l'on se trouve dans l'obligation de resserrer ou d'étendre le camp, on diminuera ou on augmentera les intervalles entre les régimens & les brigades, & entre la Cavalerie & l'Infanterie: on pourra aussi élargir les rues des chevaux; mais on n'augmentera ni ne diminuera jamais l'intervalle entre les tentes adossées.

Resserrer ou élargir le camp.

XXVII.

Le camp étant marqué, les Majors ordonneront aux Maréchaux-des-logis & Brigadiers de campement, d'empêcher que les troupes & les équipages ne passent ailleurs que dans les grands intervalles.

Passage par les grands intervalles.

XXVIII.

Lorsque les marqueurs du camp auront marqué les maisons qui devront être occupées dans le voisinage, s'il en reste dans le terrein d'une brigade qui n'aient point été marquées par eux, il sera permis au Brigadier, & après lui au Major de brigade, d'y loger; mais au défaut de maisons dans ledit terrein, ces Officiers seront obligés de camper à la queue de leur brigade.

Logement du Brigadier & du Major de brigade.

XXIX.

Pour éviter toute difficulté sur la fixation du terrein de chaque brigade, sa largeur sera comptée, à l'égard de celles qui seront campées en première ligne, depuis l'alignement de l'encoignure de la première tente de la droite, jusqu'à celui de la première tente de la brigade suivante; & en profondeur, depuis soixante-dix toises en avant du front du camp, jusqu'à quatre-vingts toises en arrière. Quant aux brigades de la seconde ligne, leur terrein s'étendra sur la même largeur depuis leur front de bandière jusqu'à deux cens toises en arrière.

XXX.

Aucun des Officiers à qui il est ordonné de camper, ne pourra, sous quelque prétexte que ce soit, s'établir ni mettre ses chevaux, domestiques & équipages dans une maison voisine du camp.

Défenses aux Officiers de loger.

XXXI.

Les Majors de brigade ſeront tenus d'avertir le Brigadier & le Maréchal-général-des-logis de la Cavalerie, des Officiers qui ne ſeront pas campés à leurs troupes, ou qui ſeront contrevenus à l'article ci-deſſus; & celui-ci en rendra compte au Commandant du camp & à celui de la Cavalerie.

XXXII.

Qui que ce ſoit, en aucun cas, ne pourra loger dans les Egliſes ou Chapelles.

XXXIII.

Conduite au camp. Chaque Major de campement ira au devant de ſon régiment dès qu'il en verra arriver la tête, pour le conduire ſur le terrein où il devra camper; & lorſque la colonne des équipages commencera à paroître, un Maréchal-des-logis ira pareillement au devant pour les conduire à la queue du camp, aux places qui auront été marquées; obſervant de s'informer des chemins par leſquels les troupes & les équipages devront venir au camp, afin qu'ils y arrivent ſans embarras.

DE L'ETABLISSEMENT DANS LE CAMP.

XXXIV.

Arrivée au camp. Le régiment étant arrivé à la tête de ſon camp, s'y mettra en bataille l'épée à la main, faiſant face en dehors.

XXXV.

Un Officier major fera aux Cavaliers les défenſes ordonnées.

XXXVI.

Piquet. Le piquet ſe tiendra trente pas en avant du régiment, juſqu'à ce que le régiment étant campé, le Commandant de la brigade lui ordonne d'entrer dans le camp.

XXXVII.

Garde de l'étendard. Le Major fera ſortir des rangs les Cavaliers pour la garde des étendards, & le Brigadier qui devra les commander, lequel les fera entrer dans le camp, mettre pied à terre, attacher leurs chevaux à leurs piquets, prendre leurs mousquetons, & venir se placer à la tête du camp de la première compagnie, pour y recevoir les timbales & les étendards quand ils y arriveront.

XXXVIII.

LE Lieutenant ou Maréchal-des-logis de chacune des compagnies auxquelles les timbales & les étendards sont attachés, & à leur défaut un Brigadier, se portera en avant du régiment, suivi du Timbalier & du Cavalier portant l'étendard, avec une escorte de deux Cavaliers ayant le sabre à la main pour les conduire à l'avant-garde du piquet qui se sera formée entre le régiment & le piquet; & les y ayant remis, il retournera seul à sa troupe.

XXXIX.

Entrée dans le camp.

LORSQUE le Brigadier ou le Mestre-de-camp commandant la brigade, aura donné l'ordre au Major de brigade ou du régiment, de faire entrer la brigade ou le régiment dans son camp, chaque Officier major, après avoir fait remettre les sabres, fera faire demi-tour à droite par compagnie à son régiment, & marcher pour entrer dans le camp.

XL.

LES escadrons de la même brigade observeront de faire ce mouvement ensemble autant qu'il sera possible, en se réglant sur le régiment chef de brigade.

XLI.

LE régiment étant entré dans son camp, l'Officier commandant l'avant-garde du piquet marchera avec les timbales & les étendards & les Cavaliers de leur escorte, pour les remetrre à la garde de l'étendard; après quoi il retournera avec son avant-garde à la tête du piquet, & les Cavaliers de l'escorte entreront dans le camp.

XLII.

LES Brigadiers & Mestre-de-camps resteront à cheval à la tête du camp, jusqu'à ce qu'ils y aient vû entrer leur brigade ou leur régiment.

XLIII.

LES Maréchaux-des-logis feront aligner & tendre les tentes de leur compagnie, & les Officiers ne mettront point pied à terre qu'elles ne soient tendues.

XLIV.

Détachemens aux fourrages & autres distributions.

PENDANT qu'on tendra les tentes, un Officier major assemblera promptement à la tête du camp, le nombre de Cavaliers nécessaires pour aller aux fourrages & autres distributions, avec les Officiers & Maréchaux-des-logis qui devront les conduire.

XLV.

Propreté du camp.

DÈS que les tentes seront tendues, les Officiers & Maréchaux-des-logis des compagnies feront balayer la tête du camp.

XLVI.

Feu.

ILS empêcheront de faire du feu ailleurs qu'aux places marquées pour les cuisines & les forges.

XLVII.

Communications.

LES Officiers majors feront faire diligemment les communications nécessaires tant à leur droite qu'à leur gauche, en avant & en arrière, sans avoir aucun égard au temps & à la fatigue; & s'il se trouvoit devant le régiment un terrein inégal, ils le feront applanir jusqu'à quarante pas en avant du front du camp.

XLVIII.

LE terrein dont chaque régiment sera chargé, s'étendra depuis le front de sa première tente jusqu'à celle de la première compagnie du régiment voisin; l'intervalle de l'un à l'autre devant être censé faire partie de celui qui aura été distribué au premier pour camper.

XLIX.

Latrines.

ON fera creuser les latrines sur le même alignement que celui de l'Infanterie: on mettra un appui à la place où elles auront été marquées, & une feuillée s'il est possible; & tous les huit jours on fera de nouvelles latrines, & on comblera les anciennes qu'on marquera avec un jalon.

L.

L.

DANS les régimens où il y aura des bouchers, les Majors leur indiqueront en même temps le terrein où ils devront se placer, dans un assez grand éloignement pour qu'ils ne puissent point causer d'infection dans le camp; & ils les obligeront d'enterrer les entrailles des bestiaux qu'ils tueront. *Boucheries.*

Ils empêcheront qu'il ne s'établisse dans leur camp des Vivandiers d'un autre régiment.

L I.

ON commandera pour les premières corvées le nombre d'hommes nécessaire, sans y employer les Cavaliers de piquet; & lorsqu'il y aura à la garde de l'étendard des Cavaliers arrêtés pour châtiment, on les obligera à faire les travaux du camp. *Corvées.*

L I I.

DEPUIS le moment où la troupe sera entrée dans le camp, jusqu'à celui où elle sera campée dans l'ordre où elle doit l'être, les Officiers majors seront tenus de rester à cheval à la tête du camp, sans pouvoir se retirer que tout ce qui est prescrit ci-dessus n'ait été auparavant exécuté. *Attentions des Majors.*

L I I I.

ILS iront ensuite visiter les abreuvoirs à portée du camp, pour faire mettre en état ceux qui seront praticables; & les Majors de brigade feront rompre ceux qui seroient dangereux. *Abreuvoirs.*

L I V.

LES Majors des régimens donneront en arrivant au camp, & ensuite tous les mois, au Maréchal-général-des-logis de la Cavalerie, un état exact de la force du régiment & du nombre des Officiers présens, auquel ils ajoûteront les noms & les grades des Officiers qui manqueront, les raisons de leur absence & les lieux où ils seront. *Etat du régiment.*

L V.

ILS rendront compte à ce même Officier de ce qu'il *Poudre & balles.*

y aura à leur régiment, de poudre, de balles & de pierres à fusil, pour qu'il leur en procure la quantité nécessaire.

DE LA GARDE DE L'ETENDARD.

LVI.

Sa composition. LA garde des étendards de chaque régiment, sera composée de trois Cavaliers par compagnie, commandés par un Brigadier.

LVII.

Cavaliers bottés pendant le jour. LES Cavaliers seront bottés pendant le jour, & en souliers pendant la nuit : à l'égard du Brigadier, il sera en souliers jour & nuit.

LVIII.

Placé de la garde rassemblée. CETTE garde se tiendra en haie à droite & à gauche des timbales & des étendards, qui seront posés six pas en avant du premier piquet des chevaux de la première compagnie du régiment, les Cavaliers destinés à la garde du premier étendard se tiendront avec le Brigadier en dehors du côté de l'intervalle, & le reste en dedans du côté du camp.

LIX.

Sa durée. ELLE sera relevée tous les matins aux gardes montantes.

LX.

Manière de la relever. LA nouvelle garde s'assemblera devant le camp au centre du régiment, où elle sera visitée par un Officier major, & par le Brigadier qui relèvera, pour s'assurer que les armes soient en état & chargées, & les Cavaliers bien tenus.

LXI.

LE Brigadier portant son mousqueton sur le bras gauche, se fera suivre par les Cavaliers deux à deux, portant leur mousqueton, & les conduira jusqu'à l'ancienne garde, que le Brigadier qui descendra aura fait mettre en haie à son poste.

LXII.

QUAND le Brigadier approchera de l'ancienne garde,

il ſera filer les Cavaliers derrière lui un à un, juſqu'à ce qu'étant arrivé à la hauteur du Brigadier de cette garde, il s'arrêtera & ſe formera vis-à-vis d'elle en faiſant à droite.

LXIII.

Le Brigadier de la nouvelle garde ayant pris la conſigne & relevé les ſentinelles, l'ancienne garde ſe retirera dans le même ordre que la nouvelle ſera venue juſqu'au centre du front du camp du régiment, d'où le Brigadier qui la commande la renverra.

LXIV.

Etendards diviſés.

Le Brigadier de la nouvelle garde fera développer enſuite les étendards, excepté dans les temps de groſſe pluie, pendant leſquels ils reſteront ployés auprès des timbales.

LXV.

On ne déployera pas non plus les étendards les jours de fourrage; & la nouvelle garde remplacera les ſentinelles de nuit de l'ancienne garde, & ne les retirera point qu'on ne ſoit revenu du fourrage.

LXVI.

Les étendards étant déployés, le Brigadier les remettra aux Cavaliers des compagnies, à la tête deſquelles ils devront être portés, qui ſeront les premiers à entrer en faction.

LXVII.

Comme il y a deux étendards par eſcadron, les ſix Cavaliers des deux compagnies de la droite ſeront deſtinés à en garder un, & ceux des compagnies de la gauche, l'autre, lorſqu'ils ſeront diſperſés.

LXVIII.

Les Cavaliers qui porteront les étendards, ſeront gantés & les tiendront de la main gauche, poſés ſur l'épaule; ils ſeront accompagnés chacun de droite & de gauche par un Cavalier; & les autres Cavaliers affectés à chaque étendard, qui ne ſeront point en faction, formeront un ſecond rang derrière l'étendard.

LXIX.

LE Brigadier ayant ainſi rangé les Cavaliers de ſa garde, il les fera marcher le long du front du camp; obſervant que ceux des compagnies les plus éloignées marchent les premiers.

LXX.

A meſure que chaque étendard arrivera vis-à-vis de la compagnie devant laquelle il devra être poſé, le Cavalier qui le portera le pointera dans terre vis-à-vis, & ſix pas en avant du premier piquet des chevaux de cette compagnie, & il y reſtera en faction le ſabre nu à la main: les autres Cavaliers qui l'auront accompagné, poſeront leurs armes ſur un chevalet long de quatre pieds & de la même hauteur, qui ſera dreſſé à cet effet ſur la même ligne que l'étendard; & ils ſeront renvoyés enſuite à leurs tentes par le Brigadier.

LXXI.

LES mêmes choſes ayant été obſervées pour tous les étendards du régiment, le Brigadier retournera au premier étendard, & avertira en paſſant les ſentinelles aux étendards, d'appeler lorſque la garde devra prendre les armes.

LXXII.

Viſites de jour.

LA garde des étendards prendra les armes pour le Commandant du camp, pour celui de la Cavalerie, pour les Officiers généraux de jour, & lorſqu'il paſſera une troupe devant le front du camp du régiment.

LXXIII.

ALORS les Cavaliers factionnaires à chaque étendard, ſe plaçant derrière cet étendard, en empoigneront la lance de la main gauche à la hauteur de la poitrine, tenant leur ſabre nu de l'autre main, la garde appuyée ſur la cuiſſe, la lame croiſant l'étendard, portant ſur le pouce de la main gauche qu'elle débordera par la pointe d'environ un demi-pied, les deux talons vis-à-vis l'un de l'autre ſur la même ligne, à un demi-pied de diſtance l'un de l'autre, la pointe de la botte du pied gauche touchant la lance de l'étendard, le genou gauche un peu plié,

plié, la jambe droite tendue, l'épaule droite effacée, & le regard assuré.

Les autres Cavaliers se mettront en haie à droite & à gauche de celui qui tiendra l'étendard de leur compagnie, portant le mousqueton.

Quant au Brigadier, il se tiendra à la droite de la garde du premier étendard, étant reposé sur le mousqueton qu'il tiendra de la main droite par le bout du canon, la crosse à terre, la platine tournée en dehors, & le bras tendu: il ôtera le chapeau de la gauche pour saluer ceux pour qui il aura pris les armes.

L X X I V.

Les Officiers généraux qui seront employés aux camps en cette qualité & en celle d'Inspecteurs généraux de la Cavalerie, seront reçûs des piquets & des gardes, lorsqu'ils les verront, comme s'ils étoient Officiers généraux de jour, sans néanmoins tirer à conséquence à l'égard de ces mêmes Officiers, lorsqu'ils sont employés dans les armées.

L X X V.

Rassembler les étendards.

Le soir, à l'heure du guet, le Brigadier appellera la garde de l'étendard: pour lors les Cavaliers ayant quitté leurs bottes pour prendre des souliers, & ayant leurs manteaux renversés sur les épaules, se mettront en haie avec leurs armes à droite & à gauche de l'étendard qu'ils auront gardé pendant le jour, & le Brigadier les ramènera avec les étendards, commençant par les plus éloignés, dans le même ordre qu'il les aura posés le matin.

L X X V I.

Les étendards étant rassemblés autour des timbales, le sentinelle qui les gardera sera armé d'un mousqueton, de même que tous ceux qui seront posés pendant la nuit.

L X X V I I.

Garde de nuit.

A l'entrée de la nuit, outre le sentinelle qui restera aux étendards, le Brigadier en posera deux à chaque escadron, un à la tête & l'autre à la queue du centre de l'escadron: ces sentinelles se promèneront le long du front & de la queue de l'eſcadron, pour voir s'il ne ſe détachera pas des chevaux, & veiller aux accidens qui peuvent arriver.

LXXVIII.

Il détachera de ſa garde quatre Cavaliers pour la garde de nuit du Meſtre-de-camp qui aura un ſentinelle à ſa tente pendant le jour.

LXXIX.

En l'abſence du Meſtre-de-camp, le Lieutenant-colonel aura jour & nuit à ſa tente un ſentinelle tiré de cette même garde.

LXXX.

Le Commandant du régiment par accident, en aura un la nuit ſeulement.

LXXXI.

Le Major ou l'Officier chargé du détail du régiment, aura un ſentinelle jour & nuit.

LXXXII.

Le Brigadier, après avoir poſé tous ces ſentinelles, fera allumer le feu de ſa garde, & l'entretiendra pendant la nuit.

LXXXIII.

Il partagera les factions des ſentinelles, tant de jour que de nuit, de manière qu'elles ſoient également reparties à toute la garde.

LXXXIV.

Viſites de nuit. Si le Commandant du camp, un Officier général de jour, le Commandant de la Cavalerie, le Brigadier, Meſtre-de-camp & Lieutenant-colonel de piquet, ou le Maréchal-général-des-logis de la Cavalerie, viennent à paſſer le long de la ligne pendant la nuit, le ſentinelle en faction aux étendards, après qu'on lui aura répondu au *qui vive,* criera *halte là;* & avertira le Brigadier commandant la garde de l'étendard, qui fera prendre les armes à ſa garde, & ſe détachera de dix pas en avant des étendards ayant le ſabre à la main, eſcorté de deux Cavaliers le mouſqueton préſenté : alors il dira: *avance qui a l'ordre,* & ayant reçû le mot de l'Officier qui fait la viſite, il retournera en rendre compte à l'Officier de piquet qui doit être à cette garde. Cependant les deux Cavaliers demeureront les armes présentées vis-à-vis l'Officier supérieur, qui s'arrêtera jusqu'à ce que l'Officier du piquet ait ordonné de le laisser avancer; & ledit Officier, escorté de quatre Cavaliers présentant leurs armes, marchera au devant de l'Officier supérieur, auquel il rendra le mot.

LXXXV.

Prisonniers aux étendards.

LORSQU'IL y aura aux étendards un ou plusieurs prisonniers, si ces prisonniers sont accusés de crime, ils seront attachés à un piquet, & la garde restera rassemblée jour & nuit, ce qui n'empêchera pas néanmoins qu'on ne place les étendards à la tête de leurs compagnies; mais il ne restera auprès de ces étendards que les sentinelles pour les garder; & indépendamment du sentinelle qui sera au premier étendard, on mettra un second Cavalier en faction avec un mousqueton pour garder les criminels, lequel en sera responsable, ainsi que le Brigadier. Il sera même commandé un détachement particulier pour garder les criminels, si le nombre en est trop grand, pour que la garde de l'étendard y puisse suffire.

LXXXVI.

QUAND les prisonniers ne seront détenus que par correction, la garde se divisera à l'ordinaire: cependant si quelqu'un de ces prisonniers faisoit la tentative de s'échapper, on l'attachera à un piquet comme un criminel.

LXXXVII.

Jours de marche.

LES jours de marche, la garde de l'étendard ne sera relevée qu'à l'arrivée au camp. L'Officier qui commandera l'avant-garde du piquet, fera prendre les timbales & les étendards quand on sonnera le boutte-selle, & les distribuera chacun à leur compagnie quand le régiment sera en bataille.

LXXXVIII.

LES étendards ayant été ainsi remis, les Cavaliers de cette garde rentreront chacun dans leur compagnie, pourvû qu'il n'y ait pas de prisonniers aux étendards;

parce qu'en ce cas, ils devroient les conduire à la tête du régiment jusqu'au nouveau camp.

DU PIQUET.

LXXXIX.

Sa composition. Le piquet de chaque régiment consistera en une troupe de trente-six Maîtres, y compris deux Brigadiers, un Trompette & un Maréchal, commandés par un Capitaine, un Lieutenant & un Maréchal-des-logis: cette troupe sera composée comme les chambrées, d'anciens & de nouveaux Cavaliers.

X C.

Officiers supérieurs du piquet. Il sera nommé tous les jours à l'ordre un Brigadier, un Mestre-de-camp, un Lieutenant-colonel, & un Major de piquet, qui seront aux ordres des Officiers généraux de jour, & du Commandant de la Cavalerie.

X C I.

Durée du piquet. Le piquet se formera, comme il a été dit, à l'arrivée du régiment au camp, & il sera relevé tous les jours par de nouveaux Cavaliers.

X C I I.

Inspection. Le nouveau piquet s'assemblera le matin à la tête de son régiment, où le Major fera l'inspection des hommes, des armes & des chevaux, avant de faire celle des gardes.

X C I I I.

Piquet à la tête du camp. Cette inspection étant faite, les piquets monteront à cheval, & resteront en bataille, chacun à la tête du camp de son régiment, jusqu'à ce que les gardes ordinaires soient parties du rendez-vous, où on les assemblera pour aller relever les anciennes gardes; & alors on fera rentrer les piquets dans le camp.

X C I V.

Jours de fourrage. Les jours de fourrage, le nouveau piquet restera à cheval après l'inspection, & se tiendra à la tête du camp de son régiment, d'où il enverra des vedettes à la queue & aux flancs du camp, afin d'empêcher les Cavaliers & valets

valets d'en ſortir que le rendez-vous ne ſoit donné, & que les fourrageurs n'aient reçû l'ordre de partir avec les eſcortes commandées; & le piquet ne rentrera dans le camp que lorſque tous les fourrageurs y ſeront revenus.

XCV.

Jours de marche.

LES jours de décampement le piquet montera à cheval au boute-ſelle, & mettra pareillement des vedettes à la queue & aux flancs du camp, pour que perſonne ni aucuns équipages n'en ſortent, juſqu'à ce que l'ordre du départ ayant été donné, il retirera les vedettes & prendra la tête du régiment.

XCVI.

Préſence des Officiers ſupérieurs à la tête des piquets.

LE Meſtre-de-camp & le Lieutenant-colonel entrant de piquet, reſteront à cheval à la tête des piquets pendant tout le temps qu'ils ſeront à la tête du camp.

XCVII.

Leur préſence aux gardes montantes.

LES Brigadier, Meſtre-de-camp & Lieutenant-colonel ſortant de piquet, ſe trouveront aux gardes montantes, pour rendre compte à l'Officier général de jour de ce qui ſe ſera paſſé pendant la nuit; & ils iront enſuite en rendre compte au Commandant de la Cavalerie.

Le Brigadier entrant de piquet, ſe trouvera auſſi aux gardes montantes, pour recevoir les ordres de l'Officier général de jour.

XCVIII.

Piquets dans le camp.

LES piquets étant rentrés dans le camp, ſeront toûjours prêts à marcher: pour cet effet, les Officiers & Cavaliers ne pourront s'éloigner du camp ni ſe deshabiller; ils reſteront bottés jour & nuit; leurs chevaux ſeront toûjours ſellés; ils auront la bride à portée d'eux, & leurs cuiraſſes ſeront à la tête de leurs chevaux.

XCIX.

Un Officier de piquet à la garde de l'étendard.

LES deux Officiers & le Maréchal-des-logis de chaque piquet, s'arrangeront enſemble de façon qu'un d'eux ſoit continuellement jour & nuit à la garde de l'étendard: ils auront leurs chevaux prêts pour faire monter le piquet à cheval en cas de beſoin; & ils viſiteront de temps en temps le piquet, tant de jour que de nuit, pour voir s'il ſera en état.

C.

Marche & remplacement des piquets.

SI l'on fait marcher le piquet, dès qu'il ſera ſorti du camp on en commandera un autre.

C I.

Leur rentrée après avoir paſſé les gardes ordinaires.

QUAND le piquet rentrera dans le camp, après avoir paſſé les gardes ordinaires, ſon ſervice ſera fait, & celui qui l'aura remplacé reſtera en fonction.

C I I.

Piquets demandés.

LES piquets ſortiront à la tête du camp pendant le jour, quand ils ſeront demandés par le Commandant du camp, celui de la Cavalerie, les Officiers généraux de jour, le Brigadier, le Meſtre-de-camp & le Lieutenant-colonel de piquet, & par le Maréchal-géneral-des-logis de la Cavalerie.

C I I I.

QUAND on appellera le piquet à la tête du camp pendant le jour, les Cavaliers ſortiront bottés avec leurs bandoulières & leurs ſabres, mais ſans mouſquetons : ils ſe mettront en haie entre les deux étendards de leur eſcadron, ſur le même alignement de la garde de l'étendard.

Les Officiers ſe trouveront à pied diſperſés en avant des Cavaliers de piquet, de manière qu'il y en ait à chaque eſcadron.

C I V.

Viſite du piquet pendant la nuit.

L'OFFICIER de piquet qui reſtera au feu de la garde de l'étendard pendant la nuit, recevra les Officiers qui ont autorité ſur le piquet, comme il eſt expliqué à l'article LXXXIV; & s'ils veulent le viſiter, il les mènera dans les rues des compagnies.

C V.

SI les piquets ſont la nuit hors du camp, lorſque les Officiers qui ont droit de les viſiter arriveront à la ligne, la vedette criera d'environ quinze pas, *Qui vive ;* il ſera répondu *France*, & elle demandera *quel régiment.* Quand l'Officier aura indiqué ſon grade, la vedette l'arrêtera en criant *halte là:* alors un Brigadier & deux Cavaliers de piquet s'avanceront jusqu'à la vedette, le Brigadier le pistolet à la main, & les Cavaliers le mousqueton haut. Le Brigadier criera *avance qui a l'ordre,* afin de recevoir le mot de l'Officier supérieur: ayant reçû le mot & reconnu celui qui le lui aura donné, il retournera au trot en rendre compte au Capitaine de piquet, dont la troupe sera à cheval l'épée à la main. Le Capitaine s'avancera ensuite à six pas de la vedette, escorté de deux Cavaliers le mousqueton haut, & dira *avance à l'ordre:* l'Officier supérieur s'avancera & recevra le mot du Capitaine, qui lui fera voir ensuite son piquet, dont les Officiers seront chacun à leur place.

C V I.

LE Brigadier, le Mestre-de-camp & le Lieutenant-colonel de piquet feront chacun une ronde pendant la nuit, dont l'heure sera réglée par le Brigadier: non seulement ils parcourront la tête du camp, mais ils passeront aussi entre les deux lignes, afin d'examiner s'il ne s'y commettra pas de desordre.

C V I I.

ILS visiteront les piquets pendant la nuit quand ils seront hors du camp, pour s'assurer que les Officiers soient présens, & les Cavaliers en état; & ils seront reçûs comme il a été dit à l'article CV, quand ils demanderont à voir le piquet d'un régiment.

C V I I I.

LES fonctions du Major de piquet seront de faire une ronde pendant la nuit à l'heure qui lui paroîtra la plus convenable, escorté d'un Brigadier & de deux Cavaliers de piquet ayant leur mousqueton; de visiter les gardes des étendards de la ligne, pour voir si les Brigadiers & les Cavaliers font leur devoir; de faire une fois le jour la visite des piquets de la ligne, pour voir s'il y aura un Officier de piquet de chaque régiment à la tête du camp, & si les sentinelles seront alertes. *Major de piquet.*

D'examiner si le feu des cuisines sera éteint, si l'on ne

donnera point à boire chez les Vivandiers, & s'il ne se passera aucun desordre.

Il rendra compte chaque jour au Major de sa brigade de ce qui se sera passé à sa ronde, afin que celui-ci en instruise le Maréchal-général-des-logis de la Cavalerie.

C I X.

Les Officiers de chaque piquet veilleront à ce qu'il ne reste point d'immondices à la tête & à la queue de leur camp : pour cet effet, ils feront enterrer ces immondices par des Cavaliers de leur piquet; ils leur feront aussi transporter au loin les chevaux morts, ayant soin qu'ils les enterrent à quatre pieds de profondeur au moins.

DES BRIGADES.

C X.

Les régimens seront mis en brigade à leur arrivée au camp.

C X I.

Arrangement des régimens & escadrons.

Le régiment chef de brigade en prendra la droite, soit pour se mettre en bataille, pour marcher ou pour camper : le second se placera à la gauche ; & quand il y en aura un plus grand nombre, ils se placeront de même alternativement dans le centre de la brigade, tous les régimens de l'aîle droite se formant par leur droite, excepté ceux de la brigade de la gauche qui appuyera à l'Infanterie, laquelle se formera par sa gauche.

Cet ordre sera renversé dans les brigades de l'aîle gauche.

C X I I.

Les escadrons d'un même régiment observeront entre eux le même ordre que tiendront les régimens dans la formation de la brigade.

C X I I I.

Majors des brigades.

Celui des Majors des régimens d'une même brigade, qui sera le plus ancien de commission de Capitaine, sera Major de cette brigade.

C X I V.

CXIV.

S'IL n'y avoit dans une brigade aucun Major en état de faire le ſervice de Major de brigade, il y ſeroit ſuppléé par l'Aide-major du régiment de la brigade, qui ſe trouvera le plus ancien de commiſſion de Capitaine.

DE L'ORDRE.

CXV.

LES Majors de brigade iront tous les jours à l'ordre chez le Maréchal-général-des-logis de la Cavalerie, à l'heure qu'il leur aura indiquée, pour y écrire l'ordre qu'il leur dictera, ainſi que les détails qui concerneront leurs brigades.

Donné chez le Maréchal-général-des-logis de la Cavalerie.

CXVI.

ILS ne s'exempteront d'aller à l'ordre ſous aucun prétexte; & lorſque pour des raiſons légitimes quelqu'un d'eux ne pourra s'y trouver, il ſera avertir le Major de la brigade le plus ancien après lui, qui s'y rendra à ſa place.

CXVII.

LE Major de brigade portera l'ordre & le mot au Brigadier de ſa brigade, lorſque ledit Brigadier ſera au camp, & il recevra ſes ordres ſur ce qu'il aura à y ajoûter avant de le diſtribuer aux autres Majors de ſa brigade.

Porté au Brigadier.

CXVIII.

LES Majors, & à leur défaut les Aide-majors des régimens, iront à l'ordre chez le Major de leur brigade, qui le leur dictera avec le détail concernant le ſervice de leur régiment, & ce que le Brigadier aura jugé à propos d'y ajoûter.

Diſtribué par les Majors de brigade.

CXIX.

LES Majors des régimens ayant pris l'ordre du Major de leur brigade, iront porter le mot à leur Meſtre-de-camp lorſqu'il ſera au camp, lui feront la lecture de l'ordre, & recevront ceux qu'il aura à donner; après quoi ils iront donner l'ordre à leurs régimens.

Porté aux Meſtre-de-camps.

CXX.

EN l'abſence du Meſtre-de-camp, le Major donnera

Aux Lieutenant-colonels.

le mot au Lieutenant-colonel, à qui il ſera porté par l'Aide-major quand le Meſtre-de-camp ſera préſent; & lorſque le Meſtre-de-camp & le Lieutenant-colonel ne ſeront point au régiment, le Major portera l'ordre également à l'Officier qui le commandera à leur défaut.

CXXI.

Envoi de l'ordre.

AUCUN Officier major n'enverra l'ordre d'un régiment à l'autre, autrement que par écrit, & par un Officier ou un Maréchal-des-logis.

CXXII.

Cercle.

LORSQUE le Major d'un régiment voudra diſtribuer l'ordre, le Timbalier battra un appel auquel les Maréchaux-des-logis des compagnies s'aſſembleront à la tente du Major.

CXXIII.

IL ne ſera permis d'y entrer qu'au Brigadier de la brigade, au Meſtre-de-camp, au Lieutenant-colonel ou autre Officier commandant le régiment, & aux Officiers majors.

CXXIV.

LE Brigadier commandant la garde aux étendards, en prendra auſſi-tôt deux Cavaliers qu'il conduira à cette tente; & en les mettant en faction, l'un devant, l'autre derrière la tente, il leur donnera pour conſigne de n'en laiſſer approcher perſonne que les Officiers ci-deſſus.

CXXV.

LE Major fera écrire aux Maréchaux-des-logis ce qu'ils auront à exécuter: il en fera faire enſuite la lecture, vérifiera leur livre d'ordre pour s'aſſurer qu'ils l'aient écrit exactement, & le leur fera expliquer par un Officier major.

CXXVI.

ON nommera à l'ordre les Officiers commandés pour tous les différens genres de ſervice du camp, & le Brigadier qui devra commander la garde des étendards.

CXXVII.

LE Major fera mention auſſi chaque jour dans l'ordre, des Officiers qui ſeront les premiers à marcher pour chaque eſpèce de ſervice.

CXXVIII.

CHAQUE Maréchal-des-logis portera l'ordre aux Officiers de sa compagnie; & lorsqu'il fera cette fonction, il aura le chapeau bas, ainsi que l'Officier, dans l'instant où le Maréchal-des-logis lui donnera le mot à l'oreille.

Rendu aux Officiers des compagnies.

CXXIX.

LE Maréchal-des-logis ira ensuite dans chaque tente de la compagnie expliquer aux Cavaliers les défenses & ce qui aura été ordonné, & avertir ceux qui devront être de service.

Aux Cavaliers.

CXXX.

LE Major de brigade donnera l'ordre cacheté à un Cavalier de chaque garde ordinaire de sa brigade, que le Commandant de ladite garde aura eu soin, à son arrivée à son poste, de renvoyer au camp de son régiment pour lui apporter les ordres qu'on aura à lui donner.

Aux gardes ordinaires.

DU GUET ET DE L'APPEL, & autres règles du camp.

CXXXI.

UNE heure avant que le soleil se couche, tous les Trompettes se trouveront à la tête du camp de leur régiment, pour tenir entre eux l'école jusqu'au soleil couchant.

E'cole des Trompettes.

CXXXII.

AU signal de la retraite, les Trompettes sonneront le guet, commençant à l'aîle droite & à l'aîle gauche par les régimens qui joindront l'Infanterie.

Signal pour sonner le guet.

CXXXIII.

LE guet étant sonné, les étendards seront rapportés à la tête de la première compagnie de chaque régiment; & le Brigadier de cette garde posera les sentinelles de nuit.

Rassembler les étendards, & poser les sentinelles de nuit.

CXXXIV.

ON éteindra les feux des cuisines: les Vivandiers cesseront de donner à boire, & les Cavaliers seront rentrés dans leurs tentes une heure après la retraite.

E'teindre les feux.

C X X X V.

Appels. LES Maréchaux-des-logis, & en leur abſence les Brigadiers, feront régulièrement des appels des Cavaliers de leur compagnie, une heure après le guet ſonné & au point du jour, & plus ſouvent s'il eſt néceſſaire.

C X X X V I.

ILS feront enſuite leurs billets d'appel, ſur leſquels ils marqueront s'il manque quelqu'un ou non, & le nombre des Cavaliers qui ſeroient morts au camp, ou qui auroient été envoyés à l'hôpital d'un appel à l'autre.

Ils dateront & ſigneront ces billets, & ils les porteront au Brigadier de la garde de l'étendard, qui les remettra au Major de ſon régiment; & ils en rendront compte au Commandant.

C X X X V I I.

LES appels ſe feront tente par tente, en appelant les Cavaliers par leur nom, & les obligeant de répondre chacun pour ſoi.

Les Maréchaux-des-logis ou Brigadiers qui y manqueront par négligence, ou qui ne marqueront pas ſur leurs billets les Cavaliers qui ne ſe ſeront pas trouvés à leur appel, ſeront punis ſévèrement.

C X X X V I I I.

LES Lieutenans des compagnies en feront l'appel après le guet, indépendamment de celui des Maréchaux-des-logis; & ils marqueront les Cavaliers qui auront manqué, ſur des billets qu'ils ſigneront, & qu'ils remettront au Commandant du régiment.

C X X X I X.

LES Majors des régimens formeront ſur les billets d'appel des Maréchaux-des-logis ou Brigadiers, des billets datés & ſignés d'eux, qu'ils enverront tous les matins au Major de leur brigade.

Ils marqueront ſur ces billets les noms des Cavaliers qui auront manqué à l'appel, avec ceux de leurs compagnies, & l'heure à laquelle on ſe ſera aperçû de leur abſence.

Quand

Quand il n'auroit manqué personne, ils n'en feront pas moins mention sur leurs billets.

Ils y marqueront aussi le nombre des Cavaliers entrés à l'hôpital ou morts au camp.

C X L.

CHAQUE Major de Brigade formera de même sur les billets des Majors des régimens de sa brigade, un billet détaillé des Cavaliers qui y auront manqué, lequel il signera, datera & enverra au Maréchal-général-des-logis de la Cavalerie.

C X L I.

LE Maréchal-général-des-logis de la Cavalerie formera du tout un état général, qu'il remettra au Commandant du camp & à celui de la Cavalerie, à l'heure de l'ordre.

C X L I I.

Visite des Lieutenans.

LES Lieutenans des compagnies feront tous les matins la visite des tentes, afin de voir si les Cavaliers sont propres, si leurs équipages & leurs armes sont en bon état, & s'ils feront ordinaire.

C X L I I I.

ILS verront leur compagnie lorsqu'on pensera les chevaux, lorsqu'on leur donnera l'avoine, & quand on les mènera à l'abreuvoir; & ils auront attention qu'en les y menant, il y ait à la tête un Maréchal-des-logis ou un Brigadier, & un Carabinier à la queue.

DE L'ORDRE A OBSERVER pour commander les gardes & détachemens.

C X L I V.

Détachemens par brigade.

LES détachemens pour toute sorte de service, seront commandés par brigade, chacune devant fournir à son tour, en commençant par la première, à proportion du nombre d'escadrons dont elles seront composées.

C X L V.

Contrôles du

LE Maréchal-général-des-logis de la Cavalerie tiendra

Maréchal-général-des-logis de la Cavalerie.

un contrôle des brigades, ſuivant leur rang, ſur lequel ſeront marqués tous les détachemens commandés.

Il tiendra pareillement des contrôles des Brigadiers employés, des Meſtre-de-camps & des Lieutenant-colonels, pour les commander chacun à leur tour.

CXLVI.

Brigadiers, Meſtre-de-camps & Lieutenant-colonels.

LES Brigadiers employés, & les Meſtre-de-camps & Lieutenant-colonels, ſoit en pied, réformés ou par commiſſion, ſeront commandés par rang d'ancienneté.

CXLVII.

LES Meſtre-de-camps & Lieutenant-colonels par commiſſion, qui auront d'autres emplois dans la Cavalerie, y feront un double ſervice; mais ils feront toûjours celui de leurs emplois, par préférence à celui de Meſtre-de-camp & de Lieutenant-colonel; à l'exception des Majors qui, lorſqu'ils auront la commiſſion de Meſtre-de-camp ou de Lieutenant-colonel, ne feront de ſervice en cette qualité qu'une fois en entrant & en ſortant de campagne.

CXLVIII.

Contrôles des Majors de brigade.

LES Majors de brigade tiendront un contrôle des régimens de leur brigade, où ils marqueront les Officiers, Maréchaux-des-logis & Cavaliers qui ſeront commandés par proportion du nombre de leurs eſcadrons, & par rang de régiment, en commençant par le régiment chef de brigade.

CXLIX.

Contrôles des Majors des régimens.

CHAQUE Major de régiment tiendra auſſi un contrôle dudit régiment, compagnie par compagnie, ſur lequel il marquera le nombre d'Officiers, de Maréchaux-des-logis, de Brigadiers & de Cavaliers qui ſeront commandés.

CL.

CES contrôles commenceront du jour de l'arrivée au camp, & ſeront continués juſqu'à celui de ſa ſéparation.

CLI.

Tours de garde.

IL y aura quatre ſortes de tours de garde.

Le premier, pour les gardes d'honneur, lorſqu'il y aura occaſion d'en donner.

Le ſecond, pour les gardes ordinaires.

Le troiſième, pour les détachemens.

Et le quatrième, pour le piquet.

C L I I.

LES régimens fourniront de plus, chacun à leur tour, une garde de Capitaine pour le quartier général.

C L I I I.

IL y aura un tour particulier pour les Brigadiers & Cavaliers qui ſeront commandés pour la garde des étendards, ainſi que pour tout autre ſervice à pied, pour lequel les Cavaliers ne ſeront commandés qu'avec un Brigadier, ou tout au plus un Maréchal-des-logis.

C L I V.

LES trois premiers tours de garde ſeront commandés par la tête, & celui du piquet par la queue.

C L V.

ON ſuivra exactement le rang des Capitaines, & on fera marcher les Lieutenans ſuivant celui des compagnies auxquelles ils ſont attachés; ce qui n'empêchera pas que ceux du même régiment ne commandent entre eux ſuivant leur ancienneté.

C L V I.

LES Maréchaux-des-logis, Brigadiers & Cavaliers ſeront pareillement commandés par rang des compagnies.

C L V I I.

Concours des différens tours de garde.

L'OFFICIER qui ſe trouvera en même temps le premier à marcher pour différens ſervices, ſera commandé par préférence pour le premier de ces ſervices, dans l'ordre qui eſt déſigné ci-deſſus.

C L V I I I.

CELUI qui étant de ſervice actuel pour une garde d'honneur, une garde ordinaire ou un détachement, devroit marcher à ſon tour pour tout autre ſervice, continuera celui dont il eſt.

CLIX.

CELUI qui étant de piquet devra marcher pour un des autres ſervices, quittera ſon piquet, & ſera remplacé dans le moment par celui qui doit le ſuivre dans le tour du piquet.

CLX.

Quand le tour ſera paſſé.

TOUT Officier qui étant le premier à marcher pour une garde d'honneur, une garde ordinaire, un détachement ou le piquet, ne ſe trouvera pas au camp quand on le commandera, ou ne pourra faire ce ſervice pour quelque cauſe que ce ſoit, ſera remplacé par celui qui le ſuivra.

CLXI.

EN ce cas, ſon tour ſera paſſé pour les gardes d'honneur & les détachemens, dont il ne pourra venir prendre le commandement ſi-tôt qu'ils ſeront en marche & au-delà des gardes ordinaires: mais à l'égard de la garde ordinaire & du piquet, le tour n'en paſſera jamais, ſoit que l'Officier ſoit abſent ou de ſervice ailleurs, devant toûjours le reprendre après ſon retour au camp, le ſeul cas de maladie excepté.

CLXII.

Quand le ſervice ſera cenſé fait.

LES détachemens ne ſeront cenſés faits que lorſqu'ils auront paſſé les gardes ordinaires, & l'on ne tiendra point compte de ceux qui auront été renvoyés du lieu du rendez-vous.

CLXIII.

Commandant par accident.

LE Commandant d'un régiment, par accident, devra être commandé à ſon tour, de garde & de détachement; il ſera ſeulement exempt de piquet pendant le temps qu'il commandera.

CLXIV.

Officiers majors.

LES Majors de brigade ne marcheront qu'avec leur brigade ou leur régiment.

CLXV.

IL ſera commandé un Major ou un Aide-major pour accompagner un Brigadier commandé en détachement

ou

ou de piquet, lequel ſera pris dans la même brigade où le Brigadier ſera employé, & par préférence dans ſon régiment s'il en eſt Meſtre-de-camp.

C L X V I.

LES Majors des régimens marcheront avec leurs Meſtre-de-camps, à moins qu'ils ne ſoient Majors de brigade, auquel cas un Aide-major accompagnera le Meſtre-de-camp à la place du Major.

C L X V I I.

LES Aide-majors marcheront avec les Lieutenant-colonels en pied de leur régiment, à moins que le Major du régiment ne fût Major de brigade, auquel cas il ſera commandé un Lieutenant pour marcher avec le Lieutenant-colonel.

C L X V I I I.

LES Meſtre-de-camps & Lieutenant-colonels réformés ou par commiſſion, lorſqu'ils ſeront détachés dans ce grade, prendront avec eux un Lieutenant du corps auquel ils ſeront attachés.

C L X I X.

Compoſition des gardes & détachemens.

TOUTE troupe commandée pour une garde ou pour un détachement, ſera compoſée; ſavoir,

Celle de Capitaine, d'un Lieutenant, un Maréchal-des-Logis & cinquante Maîtres, compris deux Brigadiers, deux Carabiniers, un Trompette & un Maréchal.

Celle de Lieutenant, d'un Maréchal-des-logis, & trente-ſix Maîtres, compris deux Brigadiers, un Carabinier & un Trompette.

Et celle de Maréchal-des-logis, de douze Cavaliers, compris un Brigadier.

C L X X.

LE Commandant du camp pourra cependant, dans certains cas, faire doubler, s'il le juge à propos, les Lieutenans dans une même troupe commandée par un Capitaine.

CLXXI.

CHAQUE troupe sera composée d'Officiers & de Cavaliers tirés du même régiment.

CLXXII.

LES Maréchaux-des-logis des compagnies auront attention que les gardes & détachemens soient toûjours composés d'anciens & de nouveaux Cavaliers.

CLXXIII.

Carabiniers. LORSQUE le Commandant du camp voudra faire marcher les Carabiniers, ils seront toûjours commandés par le plus ancien Capitaine, le plus ancien Lieutenant & le plus ancien Maréchal-des-logis de chaque régiment.

DE LA GARDE ORDINAIRE.

CLXXIV.

Son assemblée. LES gardes ordinaires s'assembleront tous les matins à l'heure ordonnée, chacune à la tête du centre du régiment qui devra la fournir.

CLXXV.

LE Major ou l'Aide-major de chaque régiment, après avoir fait l'inspection des Cavaliers & des chevaux de sa garde, la mènera au centre de la brigade, pour la remettre au Major de brigade.

CLXXVI.

LE Major de brigade fera l'inspection des gardes de sa brigade en présence des Officiers majors de chaque régiment; & il les conduira ensuite au rendez-vous général des gardes, pour les remettre au Maréchal-général-des-logis de la Cavalerie.

CLXXVII.

CET Officier mettra les gardes en bataille selon le rang des brigades dont elles seront tirées, & les visitera.

CLXXVIII.

Départ des gardes. IL fera défiler les gardes quand il en aura reçû l'ordre des Officiers généraux de jour, ou du Commandant de la Cavalerie; & en leur absence d'un Officier supérieur de piquet: & pour cet effet, il se mettra à la droite des gardes; & lorsqu'il aura dit à l'Officier commandant la troupe, qu'il peut marcher, celui-ci en donnera l'ordre à sa troupe, en disant: *Prenez garde à vous: Marche.*

C L X X I X.

LE Cavalier de chaque garde ordinaire qui aura été renvoyé au camp, se trouvera à l'assemblée des nouvelles gardes pour conduire à son poste celle qui devra la relever. Ce Cavalier se mettra en face de la garde qu'il aura à conduire, à la distance qui lui sera prescrite, & prendra la tête de cette garde quand elle défilera.

C L X X X.

Salut en défilant.

LES gardes salueront, en défilant, le Commandant du camp, les Officiers généraux de jour, & le Commandant de la Cavalerie; mais s'ils s'y trouvent ensemble, ils ne salueront que l'Officier supérieur.

C L X X X I.

LES gardes défileront le sabre à la main & trompettes sonnantes. Les Officiers qui les commanderont, pourront faire remettre les sabres quand elles seront hors de l'alignement des gardes du camp de l'Infanterie; mais ils devront les faire tirer de nouveau lorsque les gardes arriveront à la vûe d'une vieille garde.

C L X X X I I.

SI une garde rencontre, chemin faisant, une troupe armée, ou un Officier général à qui les honneurs soient dûs, le Commandant de cette garde fera sonner la trompette, sans s'arrêter.

C L X X X I I I.

Avant-garde.

LES Officiers détachés avec les gardes ordinaires, observeront au sortir du camp, d'avoir une avant-garde commandée par un Officier, lequel fera porter les mousquetons hauts aux Cavaliers de cette avant-garde, & marchera à une distance convenable de la troupe dont il aura été détaché.

C L X X X I V.

Arrivée au poste.

QUAND la nouvelle garde arrivera à son poste, son

avant-garde rentrera dans les rangs, & la troupe aura le sabre à la main, ainsi que l'ancienne garde qu'elle devra relever, dont elle prendra la gauche.

CLXXXV.

Donner la consigne.

LE Capitaine qui descend la garde, donnera la consigne à celui qui le relève.

CLXXXVI.

Relever le petit corps-de-garde.

CELUI-CI fera sortir de sa garde un Officier l'épée à la main, & douze Cavaliers le mousqueton haut, pour aller relever le petit corps-de-garde avancé.

CLXXXVII.

Relever les vedettes.

LES Brigadiers des deux gardes iront ensemble relever les vedettes.

CLXXXVIII.

Reconnoître le poste.

PENDANT qu'on relèvera les vedettes, les deux Capitaines visiteront ensemble les flancs & les avenues du poste; & celui qui relève prendra de l'autre les éclaircissemens nécessaires sur tout ce qui peut contribuer à sa sûreté.

CLXXXIX.

LES deux Lieutenans iront ensuite reconnoître le poste de nuit, ainsi que les chemins & les endroits où les patrouilles devront se porter pendant la nuit; & celui de la nouvelle garde en rendra compte au Capitaine.

CXC.

Retour de l'ancienne garde.

TOUS les postes étant relevés, la vieille garde retournera au camp, son petit corps-de-garde composé d'une division faisant l'arrière-garde: elle y arrivera le sabre à la main & trompette sonnante, se mettra en bataille à la tête du centre de sa brigade; & ayant remis les sabres, fera face au camp par un demi-tour à droite par troupe: après quoi le Commandant de la garde fera décharger les armes, renverra les Cavaliers, & ira rendre compte de son retour au Commandant de la brigade & à celui du régiment.

DU SERVICE DES GARDES ORDINAIRES dans leurs postes.

C X C I.

APRÈS le départ de l'ancienne garde, le Commandant de la nouvelle s'emparera du poste. *Établissement dans le poste.*

C X C I I.

IL ne pourra en sortir ni rien changer à la consigne; mais seulement augmenter de précautions, & en rendre compte aux Officiers supérieurs quand ils le visiteront.

C X C I I I.

LORSQU'IL y a du danger, le Commandant doit rester à cheval avec sa garde, & doubler les vedettes.

C X C I V.

LE reste du temps, il fera mettre pied à terre à un rang alternativement, pour débrider les chevaux & les faire manger, ayant attention que le rang qui sera à cheval soit toûjours quinze pas en avant de celui qui sera débridé; & il restera toûjours un Officier au moins, à cheval avec le rang qui y sera.

C X C V.

S'IL y a des bois ou des haies à portée du poste, il les fera fouiller par un Brigadier & quelques Cavaliers avant de faire mettre pied à terre; & quand même le pays seroit uni & découvert autour de lui, il ne laissera pas d'envoyer à une certaine distance, pour examiner s'il n'y auroit point de ravins ou chemins creux.

C X C V I.

LE Commandant de la garde ne permettra à aucun Officier ni Cavalier de s'écarter en aucun temps, sous quelque prétexte que ce puisse être. *Assiduité au poste.*

C X C V I I.

IL aura soin d'avoir une communication libre avec les gardes voisines, afin que rien ne puisse passer entre elles & lui sans être vû. *Communication avec les gardes voisines.*

CXCVIII.

Consignes. Il sera consigné aux gardes en avant & sur les flancs du camp, de ne laisser passer au-delà aucuns Cavaliers, Dragons, Soldats ni valets, d'arrêter tous ceux qui se présenteront, de les envoyer au Prevôt, & d'en donner avis au Maréchal-général-des-logis de la Cavalerie.

CXCIX.

La même consigne sera donnée aux gardes sur les derrières du camp, excepté qu'elles devront laisser passer les Cavaliers, Dragons & Soldats qui seront porteurs de congés dans la forme prescrite par les ordonnances, & les valets qui auront des congés par écrit de leurs maîtres, visés du Major du régiment.

CC.

Il sera aussi consigné de reconnoître ceux qui arriveront au camp, & de faire conduire les étrangers au Maréchal-général-des-logis de la Cavalerie, sans cependant causer aucun trouble ni empêchement aux allans & venans pour le commerce & la subsistance du camp, & donnant au contraire toute liberté & sûreté à ceux qui y apportent des vivres & denrées.

CCI.

Aller au qui vive. Quand une vedette avertira qu'elle aperçoit une troupe ou plusieurs personnes ensemble venant de son côté; si la garde n'est pas à cheval, le Commandant l'y fera monter, le second rang serrant alors sur le premier: il enverra deux Cavaliers au grand trot, le mousqueton haut, à trente pas en avant des vedettes. Lorsque ceux que ces Cavaliers voudront reconnoître, seront à portée de les entendre, ils crieront *qui vive;* leur ayant été répondu *France,* ils demanderont *quel régiment.* Après la seconde réponse, un des deux Cavaliers ira rendre compte au Commandant de la troupe, l'autre se retirera au poste de la vedette, d'où il criera à la troupe venant, *halte-là;* & lorsque le Commandant lui aura envoyé dire de laisser approcher ou passer, il se retirera à sa troupe après avoir averti ceux qu'il aura arrêtés qu'ils pourront avancer ou passer.

CCII.

Le Commandant de la garde ordinaire, après s'être établi dans son poste, enverra un Cavalier de sa troupe au camp, pour lui apporter les ordres que le Major de sa brigade aura à lui envoyer. *Envoi à l'ordre.*

CCIII.

Au coucher du soleil, le Commandant de la garde la fera monter à cheval, fera retirer ses vedettes & son petit corps-de-garde, & se retirera au poste de nuit. En faisant cette retraite il fera deux haltes, & marchera avec une arrière-garde: il tâchera de faire ce mouvement en même temps que les gardes qui seront à sa droite & à sa gauche. *Poste de nuit.*

CCIV.

Quand il y a du danger, on ne doit faire boire les chevaux qu'après que la garde s'est retirée au poste de nuit: dans les autres cas, on pourra faire boire le matin avant de quitter le poste de nuit, & dans la journée si les chaleurs exigent que l'on fasse rafraîchir les chevaux. *Abreuvoir.*

CCV.

Quand on enverra à l'abreuvoir, si la garde est au poste de jour, elle montera entièrement à cheval, les Officiers à la tête: on ne détachera que six Cavaliers à la fois avec un Brigadier ou un Carabinier, & on attendra que les premiers soient revenus pour en envoyer d'autres. On aura aussi attention de faire relever le petit corps-de-garde pendant qu'il ira faire boire, conduit par l'Officier qui le commandera.

On prendra les mêmes précautions en allant à l'abreuvoir, partant du poste de nuit, si ce n'est que l'on pourra y envoyer un plus grand nombre de chevaux à la fois, pour que cette opération soit plus tôt finie.

CCVI.

La garde ordinaire étant établie au poste de nuit, celui qui la commande, après avoir mis des vedettes autour & un petit corps-de-garde en avant, fera mettre pied à terre au reste de la troupe ou à une partie, selon les circonstances, ayant toûjours au moins un des rangs bridé, dont les Cavaliers tiendront leurs chevaux par la bride, & feront en avant de l'autre rang dont les chevaux feront débridés.

CCVII.

LES vedettes feront toûjours doublées pendant la nuit; & elles feront affez près les unes des autres, pour qu'il ne puiffe paffer perfonne entre elles fans être entendu.

CCVIII.

IL y aura du feu au pofte de nuit des gardes ordinaires, autant que cela fera poffible.

CCIX.

Patrouilles. LE Commandant de la garde règlera le temps auquel les Officiers & le Maréchal-des-logis feront tour à tour la patrouille.

CCX.

CELUI qui devra faire la patrouille, prendra avec lui deux Cavaliers; & après avoir reçû les derniers ordres du Commandant, il partira le piftolet à la main, fuivi des Cavaliers ayant le moufqueton haut, armé & accroché à la bandoulière.

CCXI.

ILS marcheront avec le moins de bruit qu'il fera poffible, & feront halte de temps en temps pour écouter.

CCXII.

LORSQU'ILS reviendront à la troupe, les vedettes les arrêteront en leur criant *halte-là;* alors un Brigadier efcorté par deux Cavaliers viendra les reconnoître, & recevoir le mot de celui qui commandera la patrouille, avec celui du ralliement: après quoi on les laiffera rejoindre la garde; & l'Officier rendra compte au Commandant, de ce qu'il aura vû & entendu.

CCXIII.

POUR éviter que les patrouilles foient découvertes, on conviendra d'un fignal muet, que l'on donnera aux vedettes & aux patrouilles.

CCXIV.

Reprendre le pofte de jour. AU petit point du jour, toute la garde montera à cheval,

cheval, & y reſtera juſqu'à ce que la découverte ait été faite.

CCXV.

LORSQU'IL ſera jour, on détachera un Maréchal-des-logis avec quatre Cavaliers, pour aller faire la découverte dans tous les endroits qui lui auront été marqués.

CCXVI.

LA découverte étant faite, le Commandant de la garde fera retirer les vedettes, & marcher pour reprendre le poſte de jour, le petit corps-de-garde faiſant l'avant-garde; & s'il y a un poſte d'Infanterie dans le cas de prendre ſon poſte de jour auprès du ſien, il obſervera d'y marcher enſemble, pour ſe protéger mutuellement.

CCXVII.

SI le Commandant du camp, le Lieutenant-général de jour, ou le Commandant de la Cavalerie, viſitent les gardes ordinaires pendant le jour, elles monteront à cheval, les Cavaliers auront le ſabre à la main, le Trompette ſonnera, & les Officiers ſalueront. *Viſites.*

CCXVIII.

LE Maréchal-de-camp de jour ſera reçû comme le Lieutenant-général de jour, excepté que le Trompette ne ſonnera pas.

CCXIX.

POUR le Brigadier de piquet, les gardes monteront à cheval ſans mettre l'épée à la main, & le Trompette ne ſonnera point.

CCXX.

CES Officiers viſitant les gardes pendant la nuit, ſeront reçûs comme par les piquets.

CCXXI.

LE Maréchal-général-des-logis de la Cavalerie aura le droit de viſiter les gardes ordinaires, dont les Commandans exécuteront ce qu'il leur preſcrira de la part du Commandant du camp, ou de celui de la Cavalerie, & il ſera reçû comme le Brigadier de piquet.

CCXXII.

Passage des troupes. LES gardes ordinaires monteront à cheval, & sonneront quand il passera une troupe à portée d'elles pendant le jour : elles n'en laisseront passer aucune allant au camp pendant la nuit, quand même elles l'auroient parfaitement reconnue pour être de celles du camp ; elles la feront rester à l'écart, & ne lui donneront passage que lorsqu'il sera grand jour, à moins d'un ordre du Commandant du camp ou du Maréchal-général-des-logis de la Cavalerie.

CCXXIII.

ELLES permettront néanmoins à l'Officier qui commandera cette troupe, s'il a des nouvelles pressées à donner au Commandant du camp, d'aller chez lui ou d'y envoyer.

CCXXIV.

Nouvelles. SI le Commandant d'une garde ordinaire apprend des nouvelles qui méritent attention, il les écrira, & les enverra par un Cavalier au Maréchal-général-des-logis de la Cavalerie.

CCXXV.

Deserteurs. S'IL se présente des deserteurs étrangers pour entrer au camp, on les fera conduire par un Brigadier & un Cavalier chez le Commandant du camp : s'il étoit trop éloigné, on les fera garder à vûe après les avoir fait desarmer, & on les lui amènera avec leurs armes & chevaux en descendant la garde.

CCXXVI.

Relever les gardes. AUCUNE garde ordinaire n'abandonnera son poste, sous quelque prétexte que ce puisse être, qu'après avoir été relevée par une autre, ou par un ordre écrit du Commandant du camp, du Maréchal-général-des-logis de la Cavalerie, ou du Major de brigade, à moins qu'un Officier général de jour ou le Major de brigade ne vienne la retirer lui-même.

CCXXVII.

UN Commandant de garde ne pourra refuser de se laisser relever par une autre garde, sous prétexte qu'elle feroit moins nombreufe, ou commandée par un Officier d'un grade inférieur au fien.

CCXXVIII.

LES jours de marche, les anciennes gardes attendront les ordres du Général pour rentrer dans leurs régimens ou faire l'arrière-garde; & les nouvelles s'affembleront à l'ordinaire pour fuivre le Maréchal-de-camp de jour au campement, & exécuter fes ordres.

CCXXIX.

Garde du quartier général.

LA garde du quartier général fournira au Prevôt les Cavaliers dont il aura befoin pour fon efcorte.

Elle ne montera à cheval pour perfonne fans un ordre du Commandant du camp, qui lui prefcrira ce qu'elle aura à faire.

Son Maréchal-des-logis ira prendre l'ordre chez le Maréchal-général-des-logis de la Cavalerie.

DES VEDETTES.

CCXXX.

LES vedettes doivent toûjours être mifes à portée & en vûe de la garde qui les pofe.

CCXXXI.

QUAND elles ont été pofées, les Officiers de la garde doivent aller fucceffivement leur faire répéter la configne.

CCXXXII.

ELLES doivent fe tourner de temps en temps de différens côtés, pour mieux découvrir ce qui fe paffera autour d'elles, & avertir en appelant ou par fignes, quand elles découvrent des troupes ou plufieurs perfonnes venant de leur côté.

CCXXXIII.

CELLES qui font doublées ne doivent jamais parler enfemble que pour les cas du fervice: elles feront tournées de deux côtés oppofés; l'une viendra avertir pendant que l'autre reſtera pour obſerver ; & ſi une des deux deſerte, l'autre tirera deſſus.

CCXXXIV.

LES vedettes doivent toûjours avoir le mouſqueton haut & armé, & accroché à la bandoulière.

CCXXXV.

TOUS Cavaliers qui doivent relever des vedettes, ſeront conduits par un Brigadier, qui partira de la troupe le ſabre à la main, & les Cavaliers le mouſqueton haut.

CCXXXVI.

LES Cavaliers qui ſeront relevés, auront pareillement le mouſqueton haut, juſqu'à ce qu'ils aient rejoint la troupe.

CCXXXVII.

QUAND le Brigadier aura pluſieurs vedettes à relever, il commencera toûjours par la plus éloignée, & ramènera enſemble tous les Cavaliers qu'il aura relevés.

CCXXXVIII.

LA nouvelle vedette prendra la gauche de la vieille en la relevant, & le Brigadier ſe tiendra devant elles, pour avoir attention que la conſigne ſoit bien donnée.

DES CAVALIERS D'ORDONNANCE.

CCXXXIX.

IL ſera commandé tous les jours deux Cavaliers par brigade, pour être d'ordonnance chez le Commandant de la Cavalerie, aux ordres d'un Brigadier.

CCXL.

IL y aura auſſi deux Cavaliers par brigade, avec un Brigadier d'ordonnance chez le Maréchal-général-des-logis de la Cavalerie.

CCXLI.

LES Brigadiers employés auront chez eux deux Cavaliers tirés de leur brigade, dont ils ne pourront ſe faire ſuivre.

CCXLII.

LORSQUE les Majors de brigade auront des ordres à envoyer,

envoyer, ailleurs qu'aux gardes ordinaires, ils pourront se servir d'un Cavalier du piquet, mais sans pouvoir s'en faire suivre.

DES DÉTACHEMENS.

CCXLIII.

Leur assemblée.

Tous les détachemens commandés seront formés chacun à la tête du régiment qui le fournira.

CCXLIV.

L'Officier major qui en fera l'inspection, visitera les armes & munitions des Cavaliers, en présence des Officiers qui devront commander le détachement: il vérifiera si les Cavaliers auront du pain & de l'avoine pour le temps qui aura été ordonné; & il ne souffrira point de chevaux qui ne soient en bon état.

CCXLV.

Pour remédier à ce qui pourroit se trouver de manque à cette inspection, il s'y trouvera un Officier; & au défaut d'Officier, un Maréchal-des-logis ou un Brigadier de chaque compagnie.

CCXLVI.

L'Officier major du régiment conduira ensuite les détachemens au centre de la brigade, d'où le Major de brigade, après les avoir visités, les conduira au rendez-vous indiqué par le Maréchal-général-des-logis de la Cavalerie, auquel il les remettra en lui donnant par écrit le nom des régimens qui auront fourni les différens détachemens, & ceux des Officiers de tous grades qui seront attachés à chaque troupe commandée.

CCXLVII.

Rang des détachemens.

Les détachemens de Cavalerie, de quelque régiment qu'ils soient, marcheront entre eux suivant le rang de la brigade de laquelle ils auront été tirés; mais les Capitaines commanderont entre eux suivant l'ancienneté de leurs commissions.

CCXLVIII.

Commandement. L'OFFICIER de grade supérieur, soit de Cavalerie ou d'Infanterie, commandera par-tout à celui d'un grade inférieur.

CCXLIX.

EN parité de grade, l'Officier de Cavalerie commandera par préférence à celui d'Infanterie, lorsqu'ils se trouveront ensemble en campagne.

CCL.

TOUT Officier qui aura été nommé à l'ordre de l'armée pour commander un détachement composé d'Infanterie & de Cavalerie, le commandera pendant tout le temps que ce détachement sera hors du camp.

CCLI.

LORSQUE l'Officier nommé à l'ordre pour commander un détachement, sera hors d'état de le suivre, le commandement passera à un des premiers Officiers qui auront marché avec lui, selon ce qui est réglé aux articles CCXLVIII & CCXLIX.

CCLII.

Mot de ralliement. TOUT Officier qui commandera un détachement sortant du camp, donnera un mot de ralliement à sa troupe.

CCLIII.

Retour. QUAND au retour d'un détachement, il se trouvera à la vûe du camp & en dedans, des gardes ordinaires, l'Officier qui le commandera fera faire halte à son avant-garde, & mettra ses troupes en bataille à mesure qu'elles arriveront, faisant face en dehors du camp.

CCLIV.

DÈS que son arrière-garde l'aura joint, il fera défiler devant lui chaque troupe pour retourner à leur camp.

CCLV.

AVANT de faire défiler, il examinera s'il ne manquera personne, afin de faire châtier les Cavaliers qui se seront absentés.

CCLVI.

S'IL s'en trouve quelqu'un chargé de maraude, il le fera arrêter & conduire sur le champ au Prevôt.

CCLVII.

APRÈS avoir fait l'arrière-garde de tous les détachemens, il ira rendre compte au Commandant du camp, & à celui de la Cavalerie.

S'il est Mestre-de-camp, il ira rendre compte de plus au Brigadier de sa brigade.

Les autres Officiers, depuis le Lieutenant-colonel jusqu'au Cornette, rendront compte de même à leur Brigadier, s'ils ont commandé un détachement en chef, & ensuite au Commandant de leur régiment, à qui ils rendront toûjours compte, quand même ils n'auroient fait que marcher avec leurs troupes, sans avoir de commandement.

CCLVIII.

Honneurs.

LES détachemens qui rencontreront des troupes ou des Officiers généraux auxquels le salut est dû, en useront à cet égard de même qu'il est dit pour les gardes ordinaires.

CCLIX.

CHAQUE Commandant de détachement aura soin de faire décharger les armes des Cavaliers qui le composeront, avant de les faire rentrer dans le camp, comme il a été dit pour les gardes.

DES MARCHES.

CCLX.

Boute-selle.

LORSQU'ON sonnera le boute-selle, les Majors de brigade se rendront promptement auprès du Maréchal-général-des-logis de la Cavalerie, pour recevoir les ordres qu'il aura à leur distribuer.

CCLXI.

LE piquet montera à cheval, & mettra des vedettes à la queue & sur les flancs du camp, comme il a été dit au titre du Piquet.

CCLXII.

LES Officiers ſupérieurs de piquet ſe trouveront pareillement à la tête du camp, ainſi que le Major de piquet, avec les nouvelles gardes & les campemens.

CCLXIII.

CES Officiers ſuivront le Maréchal-de-camp de jour lorſqu'il ſe mettra en marche pour aller au nouveau camp.

CCLXIV.

A meſure que le Maréchal-de-camp de jour poſtera chaque garde, le Major de piquet en prendra note, & en remettra l'état au Maréchal-de-camp, & au Maréchal-général-des-logis de la Cavalerie, qui en donnera un état au Commandant du camp & à celui de la Cavalerie.

CCLXV.

LE Major ſortant de piquet aſſemblera les détachemens qui ſeront commandés, ſoit pour eſcorter les équipages, ſoit pour faire l'arrière-garde, ou pour toute autre commiſſion.

Il raſſemblera auſſi les vieilles gardes, qui n'ayant pas rejoint leurs corps, devront faire l'arrière-garde, ou en compoſer une partie.

CCLXVI.

LES Officiers des compagnies feront abattre, plier & charger diligemment les tentes.

CCLXVII.

LES Maréchaux-des-logis veilleront avec les Chefs de chambrée, à ce que chaque Cavalier raſſemble ſon équipage ſans ſe charger de choſes inutiles. Ils feront éteindre les feux exactement, & empêcheront que les Cavaliers ne brûlent la paille du camp, à quoi les Commandans des corps veilleront pareillement.

CCLXVIII.

L'AVANT-GARDE du piquet ira prendre les timbales & les étendards comme il a été dit à l'art. LXXXVII.

CCLXIX.

A cheval. LORSQU'ON ſonnera à cheval, les Cavaliers déboucheront pour ſe mettre en bataille à la tête de leur camp.

CCLXX.

CCLXX.

LORSQUE le Major de brigade fera mettre ſon régiment en mouvement, ceux des autres régimens de la même brigade en feront autant; & ils marcheront enſemble en bataille, environ trente pas à la tête du camp, où ils feront halte.

CCLXXI.

LES Brigades marcheront dans le même ordre qu'elles ſeront campées.

Dès que la première brigade marchera, les autres exécuteront auſſi-tôt les mêmes mouvemens, pour que la ligne ſe déploye en même temps.

CCLXXII.

AUCUN Officier ne quittera ſa troupe pendant la marche, ſans la permiſſion du Commandant du régiment.

CCLXXIII.

LES Officiers majors ſe promèneront de la tête à la queue de leur régiment, pour examiner ſi tout eſt en règle, & ils en rendront compte au Commandant du régiment.

CCLXXIV.

LES Cavaliers ne pourront ſortir de leur rang pour ſ'écarter de la colonne. *Cavaliers à leur rang.*

CCLXXV.

ON obligera ceux qui auront des beſoins, à avertir; & on laiſſera avec eux un Brigadier, qui les obligera de rejoindre diligemment.

CCLXXVI.

IL ſera défendu de laiſſer boire les chevaux en marche; les Maréchaux-des-logis des compagnies auront attention de l'empêcher: & à cet effet, au paſſage de chaque gué, le Commandant du régiment laiſſera un Officier, qui ſera relevé ſucceſſivement par un autre Officier de chacune des compagnies ſuivantes.

CCLXXVII.

LES Officiers pourront ſe faire ſuivre dans les marches, par leurs valets à cheval, qui, en ce cas, ſe tiendront *Valets.*

m

dans l'intervalle des escadrons, sans que sous ce prétexte, aucun Officier puisse y avoir de cheval de bât, ou autre bête d'équipage, mais seulement un cheval de main.

CCLXXVIII.

Cavaliers écartés.

SI quelque Cavalier écarté fait du desordre, on enverra des Officiers pour l'arrêter.

CCLXXIX.

SI un Cavalier est rencontré hors de la marche de la colonne, sans que les Officiers de sa compagnie aient averti le Commandant du régiment, & celui-ci le Brigadier, celui de ces Officiers qui y aura manqué, sera responsable du desordre que ce Cavalier aura fait.

CCLXXX.

LES Officiers, de tel corps que ce soit, feront arrêter tout Cavalier qui ne sera pas à sa troupe, quand même son régiment ne seroit pas dans la colonne; & ils le feront conduire à son régiment lorsque l'on sera arrivé au nouveau camp.

CCLXXXI.

Main-forte au Prevôt.

LES Commandans des régimens donneront main-forte au Prevôt, s'ils en sont requis, & ils concourront avec lui pour empêcher le desordre.

CCLXXXII.

Défense de tirer.

ILS empêcheront que personne ne tire en marche, & feront arrêter les Cavaliers qui auront tiré, lesquels seront mis pendant huit jours à la garde des étendards.

CCLXXXIII.

Voitures.

ILS ne souffriront dans les colonnes des troupes, sous tel prétexte que ce puisse être, ni chaise, ni carrosse, ni aucune autre espèce de voitures à roue.

CCLXXXIV.

Cris.

ILS empêcheront que personne ne crie, ni *halte,* ni *marche,* & qu'on ne fasse passer aucune parole.

CCLXXXV.

Haltes.

SI les troupes de la queue d'une colonne ne peuvent suivre la tête, ou qu'il leur arrive quelque accident qui les oblige à s'arrêter, on fera sonner un appel qui sera répété jusqu'à la tête, de régiment en régiment : alors la tête sera halte. Lorsque la queue aura rejoint, elle sera sonner un couplet de la marche qui sera répété par un Trompette de la tête de chaque régiment ; après quoi la tête de la colonne se remettra en marche : il sera cependant détaché un Officier pour avertir celui qui commandera la colonne, du sujet pour lequel on se sera arrêté.

CCLXXXVI.

QUAND le Commandant du camp, ou celui de la Cavalerie, passeront le long d'une colonne de Cavalerie étant en marche ou en halte, les Cavaliers ne mettront point le sabre à la main, & les troupes qui marcheroient ne s'arrêteront pas, mais les Trompettes sonneront & les timbales battront. *Passage du Commandant.*

CCLXXXVII.

LES régimens en arrivant au nouveau camp, se formeront en bataille à la tête du terrein qui leur sera destiné ; & ils n'y entreront que lorsque le Brigadier l'ordonnera. *Arrivée au nouveau camp.*

DES CUIRASSES.

CCLXXXVIII.

TOUS les Officiers, Maréchaux-des-logis, Brigadiers & Cavaliers, seront tenus de porter leurs cuirasse & plastron toutes les fois qu'ils seront commandés ou détachés pour quelque service à cheval.

CCLXXXIX.

SI quelque Officier commandé se trouve au rendez-vous général des gardes, sans cuirasse, les Officiers généraux de jour ou le Commandant de la Cavalerie, l'enverront au camp aux arrêts, & en avertiront le Commandant du camp.

DES E'QUIPAGES.

CCXC.

LA suppression des voitures à deux roues, à l'exception *Voitures.*

des chaiſes, ayant été ordonnée, on ne ſouffrira au camp que des chariots à quatre roues avec un timon, qui ſeront tirés au moins par quatre chevaux attelés deux à deux.

CCXCI.

LES Brigadiers, Meſtre-de-camps, Lieutenant-colonels ou autres anciens Officiers qui pourroient avoir beſoin d'une chaiſe, en demanderont la permiſſion au Commandant du camp, qui la leur donnera par écrit s'il le juge à propos.

CCXCII.

IL ne pourra y avoir plus d'un Vivandier, un Boulanger & un Boucher à la ſuite de chaque régiment; & ils auront chacun un chariot ſeulement.

CCXCIII.

Nombre de chevaux.

LES Brigadiers & Meſtre-de-camps ne pourront avoir plus de ſeize chevaux d'équipage, y compris l'attelage d'une voiture à quatre roues.

CCXCIV.

LES autres Officiers ne pourront avoir un plus grand nombre de chevaux de monture ou de bât, que celui pour lequel ils reçoivent des fourrages, quand Sa Majeſté leur en fait donner.

CCXCV.

LES Majors des régimens donneront au Commandant du camp, un état exact de ce que chaque Officier aura d'équipage, & de leur eſpèce.

CCXCVI.

Vaguemeſtres.

CHAQUE Commandant de brigade choiſira entre les Brigadiers des compagnies dont elle ſera compoſée, celui qu'il jugera le plus capable de faire les fonctions de Vaguemeſtre de cette brigade.

CCXCVII.

IL ſera choiſi de même par le Meſtre-de-camp, dans chaque régiment, un Brigadier pour faire les fonctions de Vaguemeſtre particulier du corps, lequel recevra les ordres du Vaguemeſtre de brigade.

CCXCVIII.

CCXCVIII.

La veille de chaque jour de marche, les Vaguemestres de brigade prendront l'ordre du Maréchal-général-des-logis de la Cavalerie, sur l'heure & le lieu où les équipages devront être conduits le lendemain; & ils le rendront aux Vaguemestres des autres régimens de leur brigade.

C C X C I X.

Les Vaguemestres des régimens disposeront les équipages de leurs régimens en file, suivant le rang des escadrons & celui des compagnies dans l'escadron.

C C C.

Les Vaguemestres des régimens ne souffriront point qu'aucun bagage se mette en marche que le Vaguemestre de la brigade ne soit venu l'ordonner; ce que les Vaguemestres de brigade ne feront point que le Maréchal-général-des-logis de la Cavalerie n'en ait envoyé l'ordre.

C C C I.

Les Vaguemestres feront arrêter tout charretier & conducteur de bagages, qui se sera mis en marche avant l'heure ordonnée.

C C C I I.

Fanion.

Il y aura à chaque régiment un étendard nommé *Fanion*, qui sera porté par un des Valets que le Major choisira. La banderole du fanion sera d'un pied en carré, & d'étoffe de laine des couleurs affectées au régiment, dont le nom y sera écrit.

C C C I I I.

Marche des bagages.

Lorsque le Vaguemestre de brigade aura reçû l'ordre pour marcher, il fera mettre en marche le bagage de chaque régiment, suivant le rang que le régiment tiendra dans la brigade.

C C C I V.

Le bagage du Brigadier marchera à la tête des équipages de la brigade, & devant ceux des régimens qui la composeront.

C C C V.

Le Vaguemestre de chaque brigade en conduira les

équipages pendant la marche, en suivant exactement les guides qui conduiront la colonne, & sans les devancer.

CCCVI.

Il sera arrêter tous les Valets qui voudroient passer devant le fanion de leur régiment, à la suite duquel ils resteront rassemblés, à l'exception de ceux qui marcheront avec leurs maîtres dans les divisions.

CCCVII.

Il veillera à ce que chaque Vaguemestre particulier fasse son devoir, & à ce que l'ordre soit ponctuellement exécuté.

CCCVIII.

Chacun des Vaguemestres particuliers des régimens, sera assidu pendant la marche auprès des bagages de son régiment, & tiendra la main à les faire avancer & suivre dans le rang où il les aura mis.

CCCIX.

Il sera commandé un détachement pour escorter chaque colonne d'équipage; & l'Officier qui la commandera devant être instruit de l'ordre de la marche, aura soin de faire observer exactement ce qui aura été ordonné, & de faire arrêter qui que ce soit qui voudra croiser la file.

CCCX.

On ne donnera aucune escorte armée à l'équipage particulier de qui que ce puisse être, & on n'y enverra aucun Cavalier : en cas de contravention, le Major du corps dont sera l'escorte, en rendra compte au Maréchal-général-des-logis de la Cavalerie.

CCCXI.

Les Valets se tiendront, dans les marches, à l'équipage de leurs maîtres, & les Vivandiers, où ils devront être sans s'écarter à droite ni à gauche.

CCCXII.

Les équipages qui se seront arrêtés pour quelque cause que ce soit, ne pourront reprendre la file qu'à la queue des équipages de leur régiment ou de leur brigade; & si ceux de leur brigade étoient passés avant qu'ils fussent en état de marcher, ils seront obligés d'attendre que tous les équipages de la colonne soient passés, pour en prendre la queue.

CCCXIII.

AUCUN charretier ni conducteur de bagage, ne coupera ni devancera l'équipage qui le précédera, à moins que celui-ci ne puisse pas suivre la colonne.

CCCXIV.

CEUX qui contreviendront à ce qui est prescrit ci-dessus pour l'ordre de la marche des bagages, seront punis suivant la rigueur des ordonnances.

CCCXV.

LES menus équipages marcheront dans le même ordre que les gros, lorsqu'ils en seront séparés : en ce cas, outre l'escorte qui marchera avec les gros équipages, on commandera un Brigadier par brigade, pour contenir les Valets qui seront aux menus équipages.

DES FOURRAGES.

CCCXVI.

LORSQU'IL y aura un fourrage commandé, il sera consigné dès la veille aux sentinelles de nuit tirés de la garde des étendards, de ne laisser sortir du camp aucuns Cavaliers ni domestiques sans la permission du Capitaine de piquet; & cette consigne sera renouvelée à ceux de la nouvelle garde qui les relèveront.

CCCXVII.

DÈS que le nouveau piquet aura été assemblé le matin à la tête du camp, il posera à la queue & sur les flancs, des vedettes qui auront la même consigne.

CCCXVIII.

LES Officiers du piquet se promèneront à cheval autour du camp, pour voir si ces vedettes feront leur devoir, & s'il ne sortira personne du camp.

CCCXIX.

ON commandera, dès le ſoir, les gardes & les petites eſcortes pour le fourrage du lendemain.

CCCXX.

LES gardes deſtinées à former la chaîne, ſeront conduites au rendez-vous, à l'heure indiquée, par un Officier major de chaque brigade.

CCCXXI.

LES petites eſcortes ſeront d'un Cavalier par compagnie, & commandées par un Capitaine, avec un Trompette pour raſſembler les fourrageurs en cas de beſoin.

CCCXXII.

ELLES marcheront chacune avec les fourrageurs de leur régiment, juſque dans l'enceinte déſignée pour le fourrage.

CCCXXIII.

LES fourrageurs marcheront dans le même ordre que les troupes ſont campées.

CCCXXIV.

LES Majors de brigade & de chaque régiment, doivent conduire les fourrageurs de leur brigade au rendez-vous du fourrage.

CCCXXV.

LE Brigadier conduira auſſi ceux de ſa brigade, & le Meſtre-de-camp & le Lieutenant-colonel ceux de leur régiment.

CCCXXVI.

IL y aura toûjours un Officier à la tête des fourrageurs de chaque compagnie, pour les contenir ainſi que les valets des Officiers de la compagnie.

CCCXXVII.

LORSQUE le Brigadier ou Meſtre-de-camp commandant les fourrageurs de chaque brigade, aura permis de les laiſſer débander, & qu'ils auront mis pied à terre, les petites eſcortes ſeront raſſemblées ou diſperſées, ſelon que le Commandant du fourrage ou de la brigade l'ordonnera.

CCCXXVIII.

LES petites efcortes ne fe retireront qu'après que les fourrageurs de la brigade fe feront retirés; & le Commandant de la brigade les ramènera avec ordre, accompagné de tous les Officiers.

DES DISTRIBUTIONS.

CCCXXIX.

LORSQU'IL y aura des diftributions à faire, les Cavaliers de chaque régiment y feront conduits en bon ordre, par un Officier major.

CCCXXX.

CET Officier aura attention à ce que la diftribution foit faite en règle, & donnera fon reçû de ce qui aura été fourni.

CCCXXXI.

IL fe concèrtera avec le Commiffaire des guerres qui fera préfent, pour lever les difficultés qui pourroient furvenir, & s'abftiendra de toutes voies de fait.

CCCXXXII.

SI le Commiffaire des guerres & l'Officier major ne s'accordoient pas fur la manière de terminer les difficultés furvenues, l'Officier major en rendra compte au Major de brigade, & celui-ci au Maréchal-général-des-logis de la Cavalerie, & le Commiffaire des guerres à l'Intendant.

CCCXXXIII.

L'OFFICIER chargé de ce détail ne fe préfentera point à la diftribution, qu'il n'ait un état exact du nombre des rations qu'il aura à demander pour le régiment, compagnie par compagnie.

CCCXXXIV.

IL fe rendra d'abord où le Commis principal tiendra le bureau; & celui-ci lui donnera un Commis particulier pour le conduire avec fa troupe au lieu où la diftribution devra être faite.

CCCXXXV.

IL fera fait mention fur les reçûs, des quantités qui auront été délivrées pour chaque compagnie & pour l'Etat-major.

CCCXXXVI.

LE même ordre s'obfervera à toutes les diftributions, de quelque efpèce qu'elles foient.

CCCXXXVII.

ON chargera, autant qu'il fe pourra, le même Officier d'affifter toûjours à la même efpèce de diftribution.

CCCXXXVIII.

LES diftributions fe feront à chaque régiment, dans le rang qui aura été prefcrit à l'ordre.

DE LA DISCIPLINE & Police du Camp.

CCCXXXIX.

Prendre les armes.

AUCUN régiment ne prendra les armes fans la permiffion du Commandant du camp, à moins qu'il ne lui foit ordonné par un Officier général de jour, le Commandant ou le Maréchal-général-des-logis de la Cavalerie. Si c'eft par l'ordre d'un Officier général de jour, le Major de brigade en avertira fur le champ le Maréchal-général-des-logis de la Cavalerie, & fon Brigadier.

CCCXL.

Uniforme des Officiers.

TOUS les Officiers porteront les habits uniformes de leur régiment. Ils ne monteront point de chevaux qui n'aient auffi des houffes de cet uniforme; & ne paroîtront point chez le Commandant du corps, ni aucun autre Officier fupérieur, fans être bottés.

CCCXLI.

Campemens des Officiers.

LES Brigadiers qui ne commanderont point de brigade, camperont régulièrement, ainfi que les Meftre-de-camps & autres Officiers, chacun à leur régiment & compagnie.

CCCXLII.

LES Officiers majors camperont pareillement à leur

régiment, à l'exception des Majors de brigade, lorsqu'il leur aura été marqué un logement dans le terrein de leur brigade.

CCCXLIII.

AUCUN Officier ne pourra s'absenter du camp, ni même en découcher, quand ce ne seroit que pour un jour, sans la permission par écrit du Commandant du camp; & on s'adressera au Commandant de la Cavalerie pour avoir cette permission. *Absence des Officiers.*

CCCXLIV.

A l'arrivée des troupes au camp, on fera battre des bans pour publier les défenses ci-après, sous les peines portées par les ordonnances, ou celles qui seront ordonnées par le Commandant du camp, s'il juge à propos d'en infliger de plus sévères. *Bans.*

CCCXLV.

IL sera défendu de rien prendre dans les maisons voisines du camp, ni dans aucun autre lieu, de cueillir aucuns fruits, herbages ni légumes dans les jardins ni dans les champs, de couper aucun arbre fruitier ou autre, ni aucune haie, & d'entrer dans les vignes. *Défenses.*

CCCXLVI.

IL sera pareillement défendu à tous Officiers, Cavaliers & Valets, de chasser & de pêcher: les Commandans des corps puniront ceux qui y contreviendront, & en rendront compte au Commandant du camp. *Chasse & pêche.*

CCCXLVII.

MESMES défenses seront faites aux Cavaliers & à tous autres, de prendre quoique ce puisse être aux paysans & autres personnes qui apporteront des vivres & autres denrées au camp, soit à titre de rétribution ou autrement, ni de leur faire aucun tort ou violence, même d'aller au-devant d'eux, soit pour prendre ces vivres en les taxant arbitrairement, ou pour les choisir avant qu'ils soient arrivés au lieu qui sera désigné pour servir de marché, ni de donner aucun empêchement aux moulins; le tout pour quelque cause & sous quelque prétexte que ce puisse être. *Vivres.*

CCCXLVIII.

QUI que ce ſoit qui ſe trouvera chargé de hardes ou uſtenſiles priſes en maraude, ſera arrêté & envoyé au Prevôt.

CCCXLIX.

Vivandiers. LES Majors ne ſouffriront point qu'aucuns autres Vivandiers que ceux de leur régiment, s'établiſſent dans le terrein qu'il occupera.

CCCL.

Gens ſans aveu. ILS ne ſouffriront point non plus qu'il y ait aucuns gens ſans aveu à la ſuite des corps.

CCCLI.

Commerce. NUL Cavalier ne pourra aller camper au quartier général ni ailleurs que dans le terrein de ſon régiment, pour faire aucun métier ou commerce.

CCCLII.

ILS ne pourront auſſi aller au quartier général ſous prétexte d'acheter des vivres, ſans une permiſſion par écrit de leur Capitaine, ſignée du Major du régiment; laquelle permiſſion ne pourra être accordée que pour les heures qui ſeront réglées par le Commandant du camp.

CCCLIII.

LES Cavaliers ne pourront rien vendre dans le camp ſans une permiſſion par écrit du Major de leur régiment.

CCCLIV.

Paſſer les gardes. IL ſera défendu aux Cavaliers de paſſer les gardes établies autour du camp, ſans un congé dans la forme preſcrite par les ordonnances : ceux qui ſe trouveront hors des gardes, ſans même y avoir fait de deſordre, ſeront arrêtés & punis comme deſerteurs; & on les punira comme voleurs s'ils ſe trouvent avoir commis du deſordre.

CCCLV.

LES Meſtre-de-camps ou Commandans des corps ne pourront permettre à aucuns Cavaliers de paſſer les gardes du camp, à moins que les congés qu'ils leur donneront ne ſoient approuvés du Commandant de la Cavalerie, qui

qui en demandera la permiſſion au Commandant du camp.

CCCLVI.

S'IL arrivoit qu'on arrêtât aux environs du camp quelque Cavalier qui eût découché ſans que ſon Capitaine en eût averti, le Capitaine ſera interdit & payera le déſordre fait par le Cavalier arrêté; & le Commandant du régiment en ſera reſponſable.

CCCLVII.

IL ſera défendu aux Cavaliers de mettre l'épée à la main dans le camp & aux environs. *Mettre l'épée à la main.*

CCCLVIII.

ILS ne pourront tirer ni avoir aucune balle, plomb à giboyer, ou moule pour en couler. *Balles & plomb.*

CCCLIX.

EN arrivant au camp, les Officiers feront en préſence des Commandans des corps, une viſite exacte des armes & équipages des Cavaliers de leur compagnie; feront décharger les armes avec un tire-bourre, ou, ſi cela ne ſe peut, les feront tirer devant eux en prenant toutes les précautions néceſſaires pour qu'il n'en arrive pas d'accident; & ils prendront toutes les balles & autre plomb que les Cavaliers pourront avoir.

CCCLX.

LORSQU'APRÈS les pluies il ſera néceſſaire de faire décharger les armes, on y procédera de la même manière en préſence d'un Officier, entre neuf & dix heures du matin.

CCCLXI.

A la ſéparation du camp, les Officiers rendront aux Cavaliers les balles qu'ils leur auront ôtées.

CCCLXII.

LORSQU'ON aſſemblera les gardes ordinaires & autres détachemens, il ſera donné trois balles à chaque Cavalier commandé pour leſdites gardes & détachemens, par le

Maréchal-des-logis de leur compagnie, qui aura attention de se faire rendre ces balles au retour des gardes & détachemnes.

CCCLXIII.

Uniforme des Cavaliers.

IL sera défendu à tous Cavaliers de se travestir, ni porter d'autres habits que les uniformes des régimens dont ils seront, même de retourner leur juste-au-corps, sous quelque prétexte que ce puisse être, ni de prêter leurs habits uniformes à des Cavaliers, Dragons ou Soldats d'autres régimens.

CCCLXIV.

Jeux.

LES Commandans des corps tiendront la main à ce qu'il ne soit établi dans le camp ni aux environs, aucun jeu de hasard, sous quelque nom qu'il puisse être déguisé; & feront mettre en prison, tant ceux qui auront donné à jouer, que les Officiers qui auront joué.

CCCLXV.

LES Officiers & Maréchaux-des-logis de piquet visiteront de temps en temps les lieux où les Cavaliers pourroient tenir des jeux dans le voisinage du camp; & ils enverront des patrouilles pour arrêter ceux qui se trouveront en contravention.

CCCLXVI.

Cris défendus.

LE terme d'*alerte* sera interdit pour faire prendre les armes; & les Officiers & Maréchaux-des-logis tiendront la main à ce que l'on se serve de celui d'appeler *aux armes.*

CCCLXVII.

Envoi au Prevôt.

LORSQUE les Majors des régimens enverront quelque Cavalier ou Valet au Prevôt, ils marqueront sur un billet le sujet pour lequel ils y seront envoyés.

CCCLXVIII.

Deserteurs étrangers.

AUCUN Officier ne pourra engager un deserteur venant du pays étranger, qu'après qu'il en aura obtenu la permission du Commandant du camp: il ne pourra aussi acheter les armes & les chevaux des deserteurs sans la permission du Commandant de la Cavalerie.

CCCLXIX.

Les chevaux qui feront trouvés fans maîtres ou fans conducteurs, dans le camp ou aux environs, feront conduits chez le Prevôt, qui les rendra à qui ils appartiendront. *Chevaux perdus.*

CCCLXX.

On reftituera de même, fans rien payer, ceux qui ayant été volés ou perdus, feront réclamés par leurs maîtres, quand même ils auroient été vendus par ceux qui les auroient volés ou trouvés; devant être défendu à qui que ce puiffe être, d'acheter des chevaux que d'une perfonne connue.

CCCLXXI.

Les Majors des régimens rendront compte exactement à leur Commandant & à leur Brigadier, de tout ce qui s'y paffera de contraire à la difcipline, & des punitions qui auront été ordonnées; & les Brigadiers en rendront compte au Commandant de la Cavalerie, qui de fon côté informera le Commandant du camp de tout ce qui méritera attention. *Compte à rendre.*

Fait à Verfailles, le quatorze mai mil fept cent cinquante-quatre. *Signé* M. P. de Voyer d'Argenson.

www.ingramcontent.com/pod-product-compliance
Ingram Content Group UK Ltd.
Pitfield, Milton Keynes, MK11 3LW, UK
UKHW021003180726
13838UKWH00003B/1426